مدرسه - école 2
سفر - voyage 5
حمل و نقل - transport 8
شهر - ville 10
چشم انداز - paysage 14
رستوران - restaurant 17
سوپرمارکت - supermarché 20
نوشیدنی ها - boissons 22
غذا - alimentation 23
مزرعه - ferme 27
خانه - maison 31
اتاق نشیمن - salon 33
آشپزخانه - cuisine 35
حمام - salle de bain 38
اتاق بچه - chambre d'enfant 42
لباس - vêtements 44
اداره - bureau 49
اقتصاد - économie 51
مشاغل - professions 53
ابزارآلات - outils 56
آلات موسیقی - instruments de musique 57
باغ وحش - zoo 59
ورزش ها - sports 62
فعالیت ها - activités 63
خانواده - famille 67
بدن - corps 68
بیمارستان - hôpital 72
موقعیت اضطراری - urgence 76
کره زمین - terre 77
ساعت - ...heure(s) 79
هفته - semaine 80
سال - année 81
آشکال - formes 83
رنگ ها - couleurs 84
متضاد ها - oppositions 85
اعداد - nombres 88
زبان ها - langues 90
چه کسی / چه چیزی / چگونه - qui / quoi / comment 91
کجا - où 92

Impressum
Verlag: BABADADA GmbH, Nedderfeld 112 , 22529 Hamburg
Geschäftsführer / Verlagsleitung: Harald Hof
Druck: Books on Demand GmbH, In de Tarpen 42, 22848 Norderstedt

Imprint
Publisher: BABADADA GmbH, Nedderfeld 112 , 22529 Hamburg, Germany
Managing Director / Publishing direction: Harald Hof
Print: Books on Demand GmbH, In de Tarpen 42, 22848 Norderstedt

1

مدرسه

école

کلاس درس
salle de classe
تقسیم کردن
diviser
186/2
تخته
tableau noir
cour (de récréation)
معلم
professeur
کاغذ
papier
نوشتن
écrire
خودکار
stylo
میز تحریر
bureau
خط کش
règle
کتاب
livre
دانش آموز
élève

کیف مدرسه

cartable

جامدادی

trousse

مداد

crayon

تراش

taille-crayon

پاک کن

gomme

دفتر رسم

carnet à dessin

2

طراحی

dessin

قلم مو

pinceau

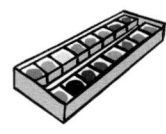

جعبه ی آبرنگ

boîte de peinture

قیچی

ciseaux

چسب

colle

کتاب تمرین

cahier d'exercices

تکلیف خانه

devoirs

رقم

chiffre

جمع کردن

additionner

تفریق کردن

soustraire

ضرب کردن

multiplier

محاسبه کردن

calculer

حرف الفبا

lettre

الفبا

alphabet

کلمه

mot

متن

texte

خواندن

lire

گچ

craie

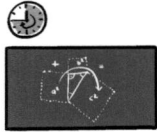

درس

leçon

ثبت نام

livre de classe

امتحان

examen

مدرک رسمی

certificat

لباس مدرسه

uniforme scolaire

تحصیلات

formation

دانشنامه

lexique

دانشگاه

université

میکروسکوپ

microscope

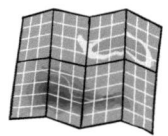

نقشه

carte

سبد کاغذ باطله

corbeille à papier

سفر
voyage

هتل
hôtel
مسافرخانه
auberge
صرافی
bureau de change
CHANGE
چمدان
valise
اتومبیل
voiture

زبان

langue

بله / خیر

oui / non

اکی

d'accord

سلام

Salut

مترجم

interprète

ممنون

merci

قیمت ... چه قدر است؟

Combien coûte...?

من متوجه نمی شوم

Je ne comprends pas

مشکل

problème

عصر بخیر! / شب بخیر!

Bonsoir !

صبح بخیر!

Bonjour !

شب بخیر!

Bonne nuit !

خدانگهدار

Au revoir

جهت

direction

بار سفر

bagages

کیف

sac

کوله پشتی

sac-à-dos

مهمان

hôte

اتاق

pièce

کیسه خواب

sac de couchage

خیمه

tente

مرکز راهنمای گردشگران

office de tourisme

ساحل

plage

کارت اعتباری

carte de crédit

صبحانه

petit-déjeuner

نهار

déjeuner

شام

dîner

بلیط

billet

آسانسور

ascenseur

مهر

timbre

مرز

frontière

گمرک

douane

سفارتخانه

ambassade

ویزا

visa

گذرنامه

passeport

حمل و نقل

transport

هواپیما
avion
کشتی
navire
ماشین آتش نشانی
véhicule de pompiers
اتوبوس
bus
کامیون
camion
قایق موتوری
bateau à moteur
دوچرخه
bicyclette
اتومبیل
voiture

کشتی مسافربری

ferry

قایق

barque

موتورسیکلت

moto

ماشین پلیس

voiture de police

ماشین مسابقه

voiture de course

ماشین کرایه ای

voiture de location

به اشتراک گذاری اتوموبیل

auto-partage

جرثقیل

voiture de remorquage

ماشین حمل زباله

benne à ordures

موتور

moteur

بنزین

essence

پمپ بنزین

station d'essence

تابلو راهنمایی و رانندگی

panneau indicateur

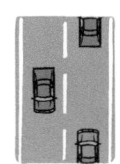

عبور و مرور

trafic

ترافیک

embouteillage

پارکینگ

parking

ایستگاه قطار

gare

ریل راه آهن

rails

قطار

train

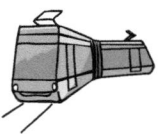

قطار برقی

tramway

واگن

wagon

هلیکوپتر

hélicoptère

فرودگاه

aéroport

برج

tour

مسافر

passager

کانتینر

conteneur

کارتن

carton

گاری

chariot

سبد

corbeille

به پرواز درآمدن / فرود آمدن

décoller / atterrir

شهر

ville

دهکده

village

مرکز شهر

centre-ville

خانه

maison

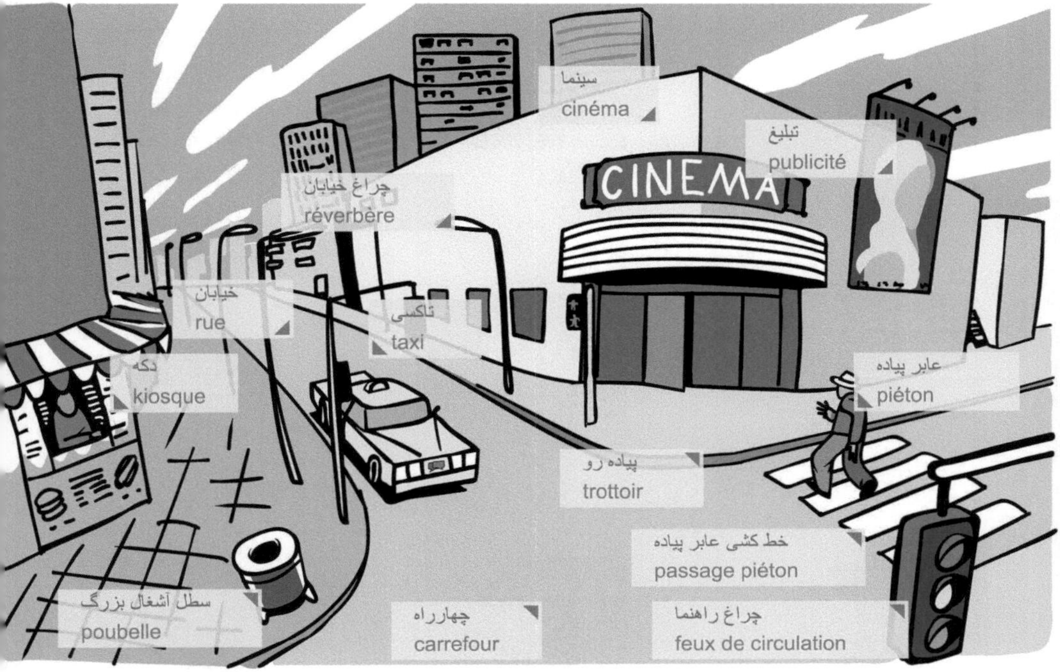
CINEMA
سینما
cinéma
تبلیغ
publicité
چراغ خیابان
réverbère
خیابان
rue
تاکسی
taxi
دکه
kiosque
عابر پیاده
piéton
پیاده رو
trottoir
خط کشی عابر پیاده
passage piéton
سطل آشغال بزرگ
poubelle
چهارراه
carrefour
چراغ راهنما
feux de circulation

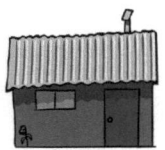

کلبه
cabane

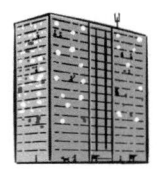

آپارتمان
appartement

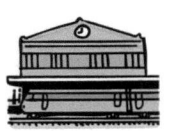

ایستگاه قطار
gare

ساختمان شهرداری
mairie

MUSEUM

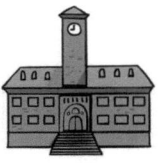

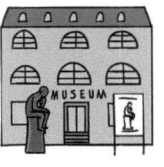

موزه
musée

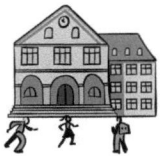

مدرسه
école

دانشگاه

université

بانک

banque

بیمارستان

hôpital

هتل

hôtel

داروخانه

pharmacie

اداره

bureau

کتابفروشی

librairie

مغازه

magasin

گل فروشی

fleuriste

سوپرمارکت

supermarché

بازار

marché

فروشگاه بزرگ

grand magasin

ماهی فروش

poissonnerie

مرکز خرید

centre commercial

بندر

port

پارک

....

parc

نیمکت

....

banque

پل

....

pont

پله

....

escaliers

مترو

....

métro

تونل

....

tunnel

ایستگاه اتوبوس

....

arrêt de bus

میخانه

....

bar

رستوران

....

restaurant

صندوق پست

....

boîte à lettres

تابلوی خیابان

....

panneau indicateur

دستگاه پارکومتر

....

parcmètre

باغ وحش

....

zoo

استخر شنای عمومی

....

piscine

مسجد

....

mosquée

مزرعه

ferme

آلودگی محیط زیست

pollution

قبرستان

cimetière

کلیسا

église

زمین بازی

aire de jeux

معبد

temple

چشم انداز

paysage

برگ
feuille

تابلوی راهنمای مسیر
panneau indicateur

راه
chemin

چمنزار
pré

سنگ
pierre

درخت
arbre

راه نورد
randonneur

رودخانه
rivière

چمن
herbe

گل
fleur

دره

vallée

تپه

montagne

دریاچه

lac

جنگل

forêt

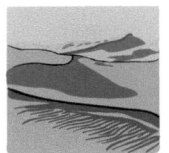

بیابان

désert

کوه آتشفشان

volcan

قلعه

château

رنگین کمان

arc-en-ciel

قارچ

champignon

درخت نخل

palmier

پشه

moustique

مگس

mouche

مورچه

fourmis

زنبور

abeille

عنکبوت

araignée

سوسک

coléoptère

قورباغه

grenouille

سنجاب

écureuil

جوجه تیغی

hérisson

خرگوش صحرایی

lièvre

جغد

chouette

پرنده

oiseau

قو

cygne

گراز

sanglier

گوزن نر

cerf

گوزن شمالی

élan

سد آب

barrage

توربین بادی

éolienne

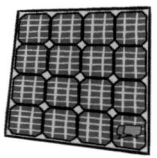

صفحه ی خورشیدی

panneau solaire

آب و هوا

climat

رستوران

restaurant

serveur
منوی غذا
menu
صندلی
chaise
سوپ
soupe
پیتزا
pizza
سرویس کارد و قاشق و چنگال
couverts
رومیزی
nappe

پیش‌غذا

hors d'œuvre

غذای اصلی

plat principal

دسر

dessert

نوشیدنی ها

boissons

غذا

alimentation

بطری

bouteille

فست فود

fast-food

اغذیه خیابانی

plats à emporter

قوری

théière

قندان

sucrier

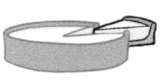

پُرس غذا

portion

دستگاه اسپرسو

machine à expresso

صندلی پایه بلند غذاخوری بچه

chaise haute

صورتحساب

facture

سینی

plateau

چاقو

couteau

چنگال

fourchette

قاشق

cuillère

قاشق چایخوری

cuillère à thé

دستمال سفره

serviette

لیوان

verre

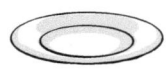

بشقاب

assiette

بشقاب سوپخوری

assiette à soupe

نعلبکی

soucoupe

سس

sauce

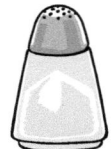

نمکدان

salière

فلفل ساب

moulin à poivre

سرکه

vinaigre

روغن خوراکی

huile

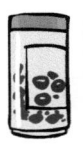

ادویه جات

épices

سس کچاپ

ketchup

سس خردل

moutarde

سس مایونز

mayonnaise

سوپرمارکت

supermarché

پیشنهاد ویژه
offre promotionnelle
مشتری
client
لبنیات
produits laitiers
میوه جات
fruits
چرخ دستی خرید
chariot

قصابی

boucherie

نانوایی

boulangerie

وزن کردن

peser

سبزیجات

légumes

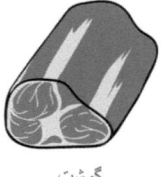

گوشت

viande

غذای منجمد

aliments surgelés

مخلوطی از انواع کالباس یا پنیر که ورقه ای بریده شده باشند

charcuterie

غذای کنسروی

conserves

پودر لباسشویی

poudre à lessive

شیرینی جات

bonbons

لوازم خانگی

articles ménagers

ماده شوینده و پاک کننده

détergents

فروشنده

vendeuse

صندوق پرداخت

caisse

صندوقدار

caissier

لیست خرید

liste d'achats

ساعات کار

heures d'ouverture

کیف پول

portefeuille

کارت اعتباری

carte de crédit

کیف

sac

کیسه ی پلاستیکی

sac en plastique

نوشیدنی ها
boissons

آب

eau

آبمیوه

jus de fruit

شیر

lait

نوشابه کوکاکولا

coca

شراب

vin

آبجو

bière

الکل

alcool

کاکائو

chocolat chaud

چای

thé

قهوه

café

قهوه اسپرسو

expresso

کاپوچینو

cappuccino

موز

banane

سیب

pomme

پرتقال

orange

انواع هندوانه و خربزه

melon

لیمو

citron

هویج

carotte

سیر

ail

نی بامبو

bambou

پیاز

oignon

قارچ

champignon

آجیل

noisettes

ماکارونی

pâtes

اسپاگتی

spaghetti

برنج

riz

سالاد

salade

سیب زمینی سرخ کرده

pommes frites

سیب زمینی سرخ شده

pommes de terre rôties

پیتزا

pizza

همبرگر

hamburger

ساندویچ

sandwich

شنیتسل

escalope

ژامبون خوک

jambon

سالامی

salami

سوسیس

saucisse

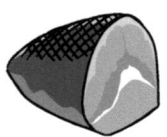

مرغ

poulet

نوعی گوشت سرخ شده

rôti

ماهی

poisson

جوی پرک شده

flocons d'avoine

نوعی صبحانه مخلوطی از برگه ذرت و
میوه های خشک شده و خشکبار که
معمولا با شیر خورده می شود

muesli

کورن‌فلکس

cornflakes

آرد

farine

کرواسان

croissant

نان بروتشن

petits-pains

نان

pain

نان تست

pain grillé

بیسکویت

biscuits

کره

beurre

کشک

le fromage blanc

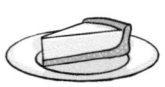

کیک

gâteau

تخم مرغ

œuf

تخم مرغ نیمرو

œuf au plat

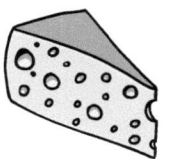

پنیر

fromage

بستنى

glace

شكر

sucre

عسل

miel

مربا

confiture

كرم شكلاتى بادامى

crème nougat

ادويه كارى

curry

مزرعه

ferme

خانه ی مزرعه داران
انبار غله
grange
خرمن کاه
botte de paille
مزرعه
champ
اسب
cheval
ماشین یدک کش
remorque
تراکتور
tracteur
کره اسب
poulain
خر
âne
گوسفند
mouton
بره
agneau

بز
chèvre

گاو ماده
vache

گوساله
veau

خوک
porc

بچه خوک
porcelet

گاو نر
taureau

غاز

oie

اردک

canard

جوجه

poussin

مرغ

poule

خروس

coq

موش صحرایی

rat

گربه

chat

موش

souris

گاو نر اخته

bœuf

سگ

chien

لانه ی سگ

chenil

شلنگ باغبانی

tuyau de jardin

آبپاش

arrosoir

داس دسته بلند

faucheuse

گاوآهن

charrue

داس

faucille

کج بیل

pioche

چنگک باغبانی

fourche

تبر

hache

فرقون

brouette

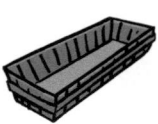

آبشخور

cuve

بطری نگهداری شیر

pot à lait

کیسه

sac

حصار

clôture

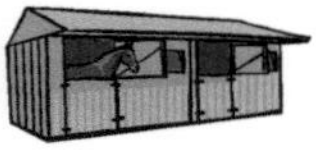

اصطبل

étable

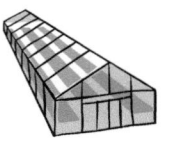

گلخانه

serre

خاک

sol

بذر

semences

کود

engrais

ماشین کمباین

moissonneuse-batteuse

برداشت کردن محصول

récolter

محصول

récolte

تمیس

igname

گندم

blé

سویا

soja

سیب زمینی

pomme de terre

ذرت

maïs

کلزا

colza

درخت میوه

arbre fruitier

گیاه مانیوک

manioc

غلات

céréales

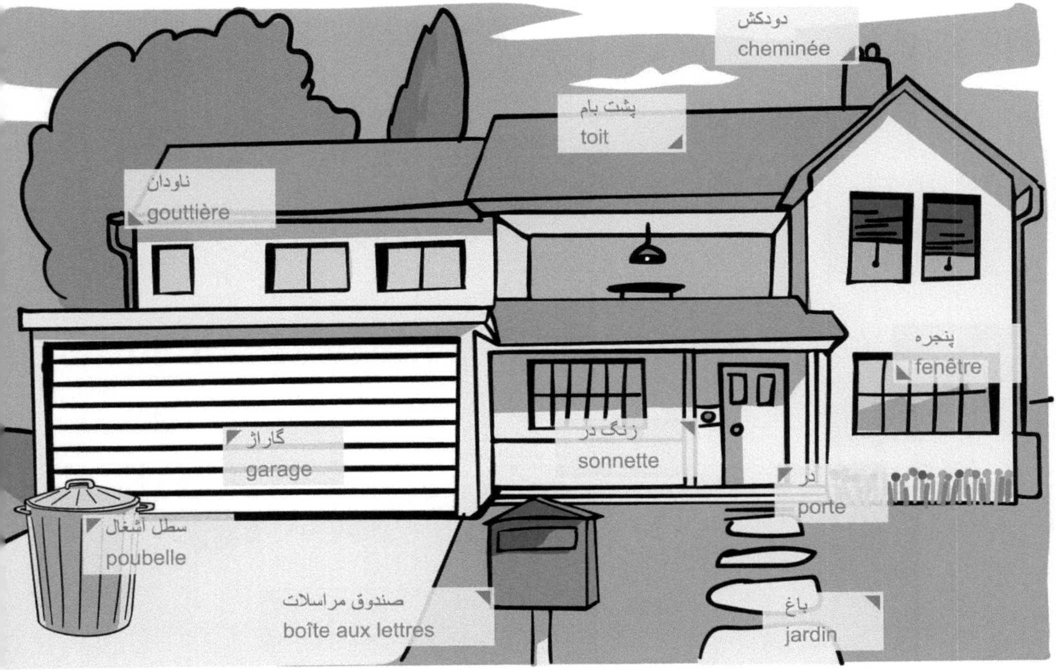

دودکش
cheminée

پشت بام
toit

ناودان
gouttière

پنجره
fenêtre

گاراژ
garage

زنگ در
sonnette

در
porte

سطل آشغال
poubelle

صندوق مراسلات
boîte aux lettres

باغ
jardin

اتاق نشیمن

salon

حمام

salle de bain

آشپزخانه

cuisine

اتاق خواب

chambre à coucher

اتاق بچه

chambre d'enfant

ناهارخوری

salle à manger

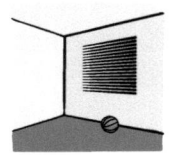

کف زمین

sol

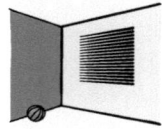

دیوار

mur

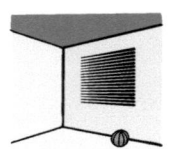

سقف

plafond

زیرزمین

cave

سونا

sauna

بالکن

balcon

تراس

terrasse

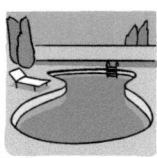

استخر

piscine

ماشین چمن‌زنی

tondeuse à gazon

ملافه

housse

روتختی

couette

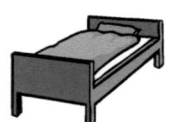

تخت خواب

lit

جارو

balai

سطل

sceau

سویچ یا کلید

interrupteur

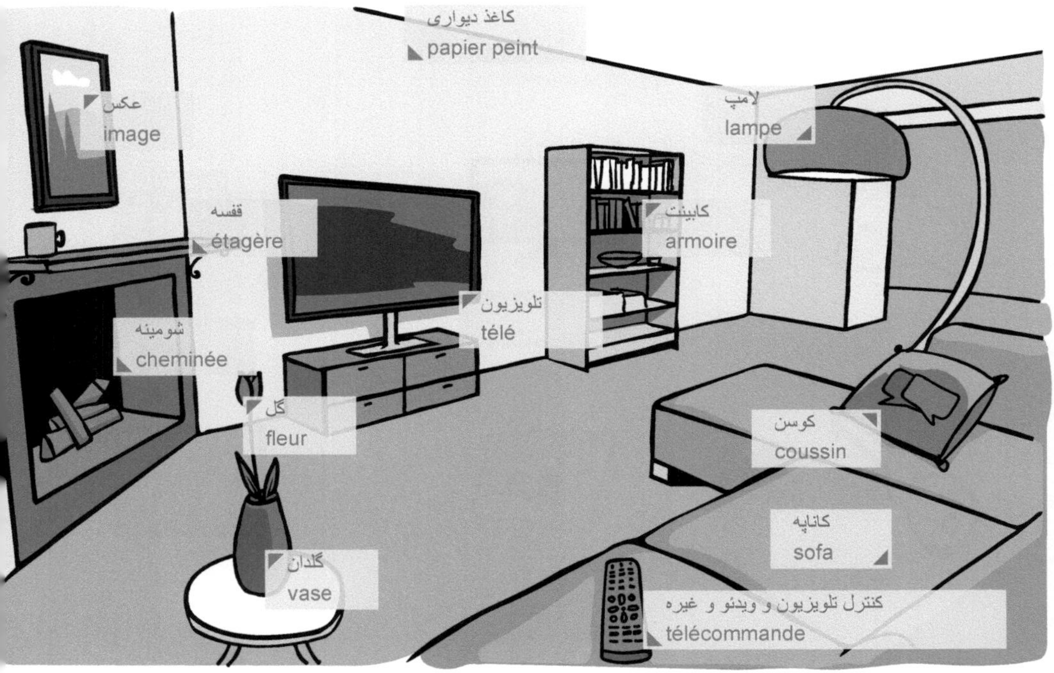

کاغذ دیواری
papier peint

عکس
image

لامپ
lampe

قفسه
étagère

کابینت
armoire

شومینه
cheminée

تلویزیون
télé

گل
fleur

کوسن
coussin

گلدان
vase

کاناپه
sofa

کنترل تلویزیون و ویدئو و غیره
télécommande

فرش

tapis

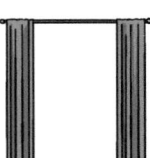

پرده

rideau

میز

table

صندلی

chaise

صندلی گهواره ایی

chaise à bascule

صندلی راحتی

fauteuil

كتاب

livre

لحاف

couverture

دكوراسيون

décoration

هيزم

bois de chauffage

فيلم

film

دستگاه ضبط صوت

chaîne hi-fi

كليد

clé

روزنامه

journal

تابلو نقاشی

peinture

پوستر

poster

راديو

radio

دفترچه يادداشت

bloc-notes

جاروبرقی

aspirateur

كاكتوس

cactus

شمع

bougie

آشپزخانه

cuisine

réfrigérateur
ماکروویو
four à micro-ondes
balance de cuisine
تُستر
grille-pain
ماده شوینده و پاک کننده
détergent
فر خوراک پزی
four
جایخی
compartiment congélateur
سطل آشغال
poubelle
ماشین ظرفشویی
lave-vaisselle

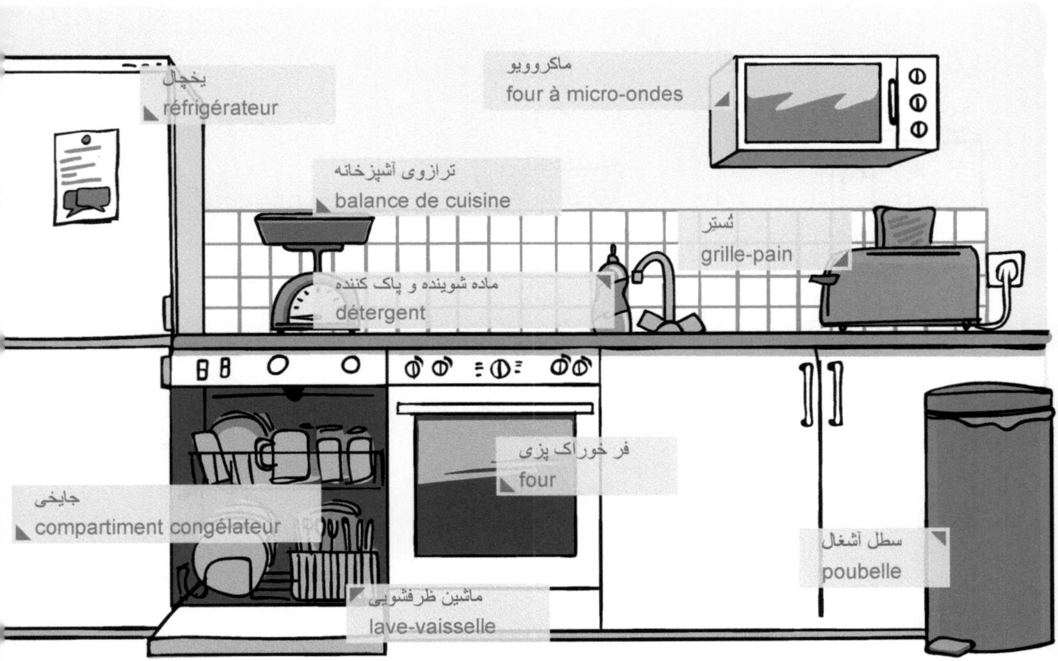

اجاق گاز

four

قابلمه

casserole

قابلمه چدنی

marmite

ماهی تابه گود

wok / kadai

ماهی تابه

poêle

کتری

bouilloire electrique

بخارپز

cuiseur vapeur

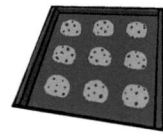

سینی فر

plaque de cuisson

ظرف چینی آشپزخانه

vaisselle

لیوان

gobelet

کاسه

coupe

چاپستیک

baguettes

ملاقه

louche

کفگیر

spatule

همزن

fouet

آبکش

passoire

آبکش

tamis

رنده

râpe

هاون

mortier

باربیکیو

barbecue

محل مخصوص افروختن آتش

cheminée

تخته گوشت و سبزی

planche à découper

وردنه

rouleau à pâtisserie

در بطری بازکن

tire-bouchon

قوطی

boîte

در قوطی بازکن

ouvre-boîte

دستگیره پارچه ای

maniques

سینک ظرفشویی

lavabo

برس گردگیری

brosse

اسفنج

éponge

مخلوط کن

mixeur

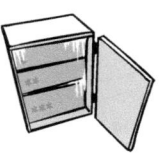

فریزر

congélateur

شیشه شیر بچه

biberon

شیر آب

robinet

آشپزخانه - cuisine

بخاری
chauffage

دوش
douche

حوله
serviette

پرده ی حمام
rideau de douche

حمام کف
bain moussant

وان حمام
baignoire

لیوان
verre

ماشین لباسشویی
machine à laver

شیر آب
robinet

کاشی
carrelage

لگن دستشویی کودکان
pot

سینک ظرفشویی
lavabo

توالت
....
toilettes

توالت ایرانی
....
toilette à la turque

کاسه توالت
....
bidet

توالت مخصوص آقایان
....
urinoir

دستمال توالت
....
papier toilette

فرچه توالت
....
brosse à toilette

مسواک

brosse à dents

خمیردندان

dentifrice

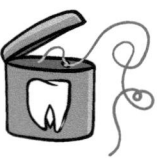

نخ دندان

fil dentaire

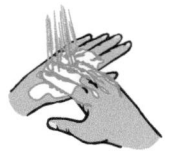

شستن

laver

دوش آب تلفنی

douche manuelle

شلنگ توالت

douche intime

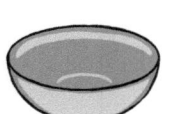

لگن روشویی

vasque

برس شست و شوی پشت

brosse dorsale

صابون

savon

شامپو بدن

gel douche

شامپو

shampooing

لیف حمام

gant de toilette

راه آب

écoulement

کرم

crème

اسپری دئودورانت

déodorant

آیینه

miroir

آیینه ی کوچک دستی

miroir cosmétique

تیغ ریش تراشی

rasoir

کف ریش‌تراشی

mousse à raser

افترشیو

après-rasage

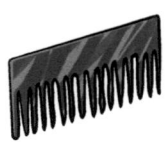

شانه ی سر

peigne

برس

brosse

سشوار

sèche-cheveux

اسپری مو

laque pour cheveux

آرایش

fond de teint

رژلب

rouge à lèvres

لاک ناخن

vernis à ongles

پنبه

ouate

قیچی ناخن

coupe-ongles

عطر

parfum

کیف لوازم آرایشی و بهداشتی

....

trousse de toilette

چهارپایه

....

tabouret

ترازو

....

pèse-personne

حوله ی پالتویی

....

peignoir

دستکش ظرفشویی

....

gants de nettoyage

تامپون

....

tampon

نوار بهداشتی

....

serviettes hygiéniques

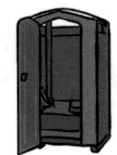

توالت سیار

....

toilette chimique

اتاق بچه

chambre d'enfant

ساعت زنگدار
réveil
نوعی عروسک نرم به شکل حیوانات
doudou
ماشین اسباب بازی
voiture jouet
جغجغه
hochet
خانه ی عروسکی
maison de poupée
کادو
cadeau

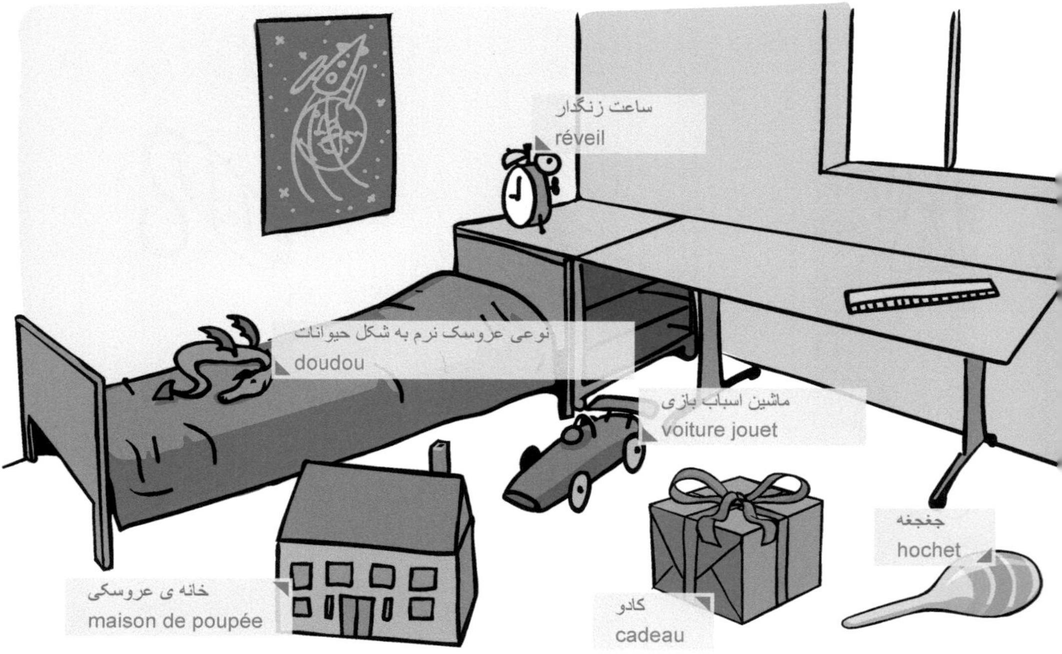

بادکنک

ballon

تخت خواب

lit

کالسکه بچه

poussette

بازی ورق

jeu de cartes

پازل

puzzle

داستان مصور

bande dessinée

اسباب بازی لگو

pièces lego

خانه سازی

blocs de construction

عروسک شخصیت های فیلم و کارتون

figurine

لباس نوزاد

grenouillère

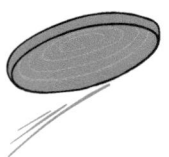

فریزبی

frisbee

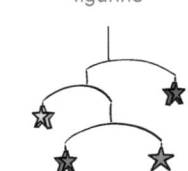

نوعی اسباب بازی که روی تخت نوزاد
یا کودک نصب می شود

mobile

بازی روی صفحه

jeu de société

تاس

dé

قطار اسباب بازی

train miniature

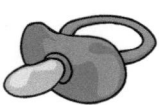

پستانک

sucette

مهمانی

fête

کتاب مصور

livre d'images

توپ

balle

عروسک

poupée

بازی کردن

jouer

جعبه شنی مخصوص بازی کودکان

bac à sable

تاب

balançoire

اسباب بازی

jouets

کنسول بازی های کامپیوتری

console de jeu

سه چرخه

tricycle

خرس عروسکی

ours en peluche

کمد لباس

armoire

لباس

vêtements

جوراب

chaussettes

جوراب زنانه ساق بلند

bas

جوراب شلواری

collant

شال
écharpe

چتر
parapluie

تی شرت
t-shirt

کمربند
ceinture

پوتین
bottes

دمپایی
pantoufles

کفش ورزشی کتانی
baskets

صندل
sandales

کفش
chaussures

چکمه پلاستیکی
bottes de caoutchouc

شُرت
sous-vêtements

سوتین
soutien-gorge

جلیقه
maillot de corps

بادی

body

شلوار

pantalon

جین

jean

دامن

jupe

بلوز

chemisier

پیراهن

chemise

پولیور

pull

سویی شرت

sweat à capuche

نوعی کت

veste

ژاکت

veste

کت بلند

manteau

بارانی

imperméable

لباس نمایش

costume

لباس

robe

لباس عروس

robe de mariée

كت و شلوار

costume

لباس خواب زنانه

chemise de nuit

پیژامه

pyjama

ساری

sari

روسری

foulard

عمامه

turban

برقع

burqa

قبا

caftan

عبا

abaya

لباس شنا

maillot de bain

شرت شنا

maillot de bain

شلوارک

short

لباس ورزشی

tenue d'entraînement

پیشبند

tablier

دستکش

gants

دکمه

bouton

عینک

lunettes

دستبند

bracelet

گردنبند

collier

انگشتر

bague

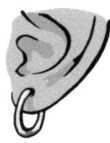

گوشواره

boucle d'oreille

کلاه لبه دار

bonnet

چوب لباسی

cintre

کلاه

chapeau

کراوات

cravate

زیپ

fermeture éclair

کلاه ایمنی

casque

بند شلوار

bretelles

لباس مدرسه

uniforme scolaire

لباس فرم

uniforme

پیش بند بچه

bavoir

پستانک

sucette

پوشک بچه

lange

اداره

bureau

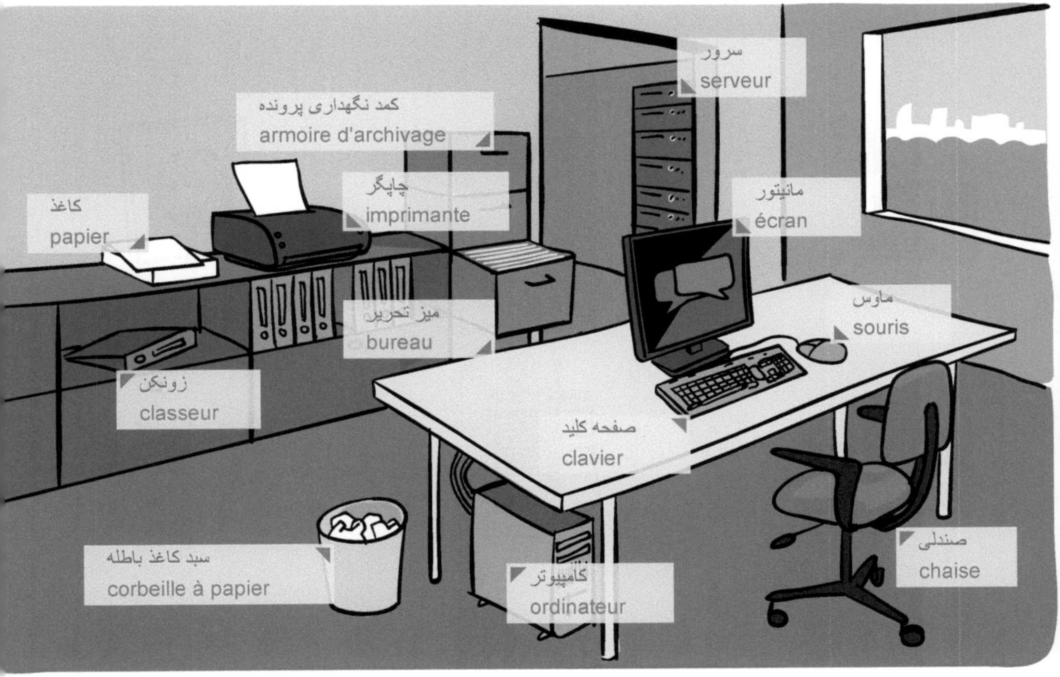

سرور
serveur

کمد نگهداری پرونده
armoire d'archivage

چاپگر
imprimante

مانیتور
écran

کاغذ
papier

ماوس
souris

میز تحریر
bureau

زونکن
classeur

صفحه کلید
clavier

سبد کاغذ باطله
corbeille à papier

کامپیوتر
ordinateur

صندلی
chaise

لیوان قهوه

tasse de café

ماشین حساب

calculatrice

اینترنت

internet

لپ تاپ

ordinateur portable

نامه

lettre

پیغام

message

تلفن همراه

portable

شبکه ی ارتباطی

réseau

دستگاه فتوکپی

photocopieuse

نرم افزار

logiciel

تلفن

téléphone

پریز

prise

دستگاه فاکس

fax

فرم

formulaire

مدرک

document

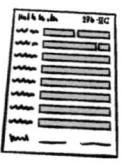

خریدن

acheter

پرداخت کردن

payer

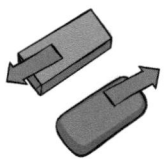

تجارت کردن

faire du commerce

پول

monnaie

دلار

dollar

یورو

euro

ین

yen

روبل

rouble

فرانک سوئیس

franc suisse

یوان رنمینبی

renminbi yuan

روپیه

roupie

دستگاه خودپرداز

distributeur automatique

صرافی

bureau de change

طلا

or

نقره

argent

نفت

pétrole

انرژی

énergie

قیمت

prix

قرارداد

contrat

مالیات

taxe

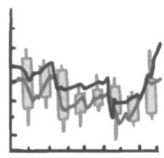

سهام سرمایه

action

کار کردن

travailler

کارمند

employé

کارفرما

employeur

کارخانه

usine

مغازه

magasin

مشاغل
professions

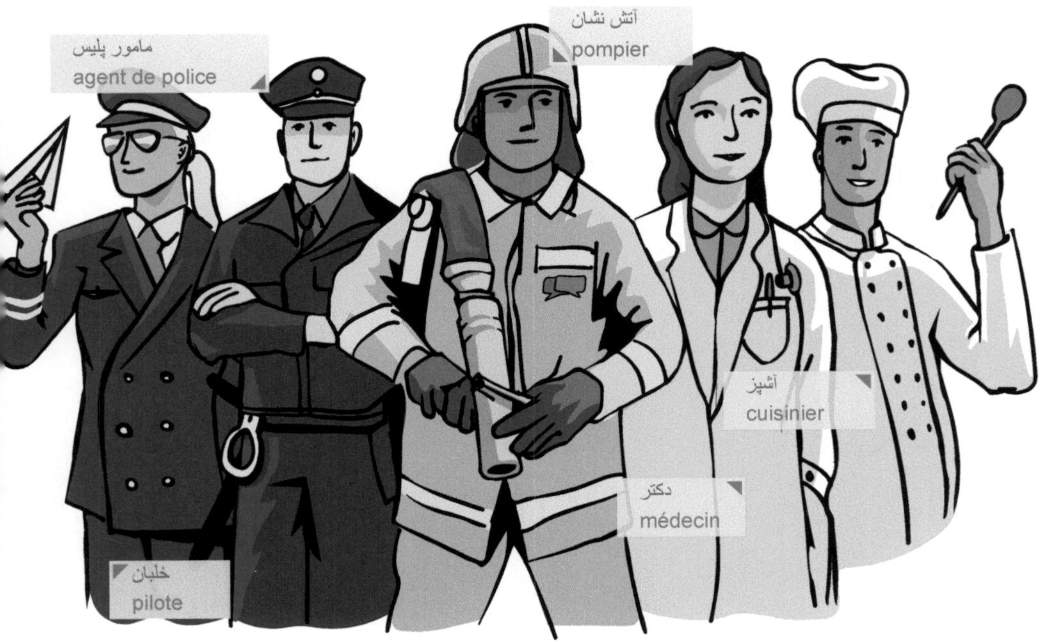

مامور پلیس
agent de police
آتش نشان
pompier
آشپز
cuisinier
دکتر
médecin
خلبان
pilote

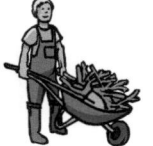

باغبان
jardinier

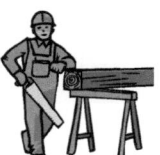

نجار
menuisier

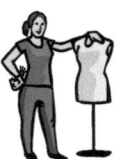

خیاط زنانه
couturière

قاضی
juge

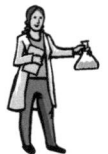

شیمیدان
chimiste

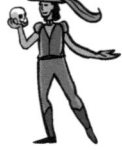

بازیگر
acteur

راننده اتوبوس

conducteur de bus

راننده تاکسی

chauffeur de taxi

ماهیگیر

pêcheur

نظافتچی زن

femme de ménage

سقف ساز

couvreur

پیشخدمت رستوران

serveur

شکارچی

chasseur

نقاش

peintre

نانوا

boulanger

برقکار

électricien

کارگر ساختمانی

ouvrier

مهندس

ingénieur

قصاب

boucher

لوله کش

plombier

پستچی

facteur

مشاغل - professions

سرباز

soldat

معمار

architecte

صندوقدار

caissier

گل فروش

fleuriste

آرایشگر

coiffeur

مامور کنترل بلیط در قطار

contrôleur

مکانیک

mécanicien

ناخدا

capitaine

دندانپزشک

dentiste

دانشمند

scientifique

عالم یهودی

rabbin

امام

imam

راهب

moine

کشیش

prêtre

ابزارآلات
outils

چکش
marteau
انبردست
pinces
پیچ گوشتی
tournevis
آچار
clé
چراغ قوه
torche

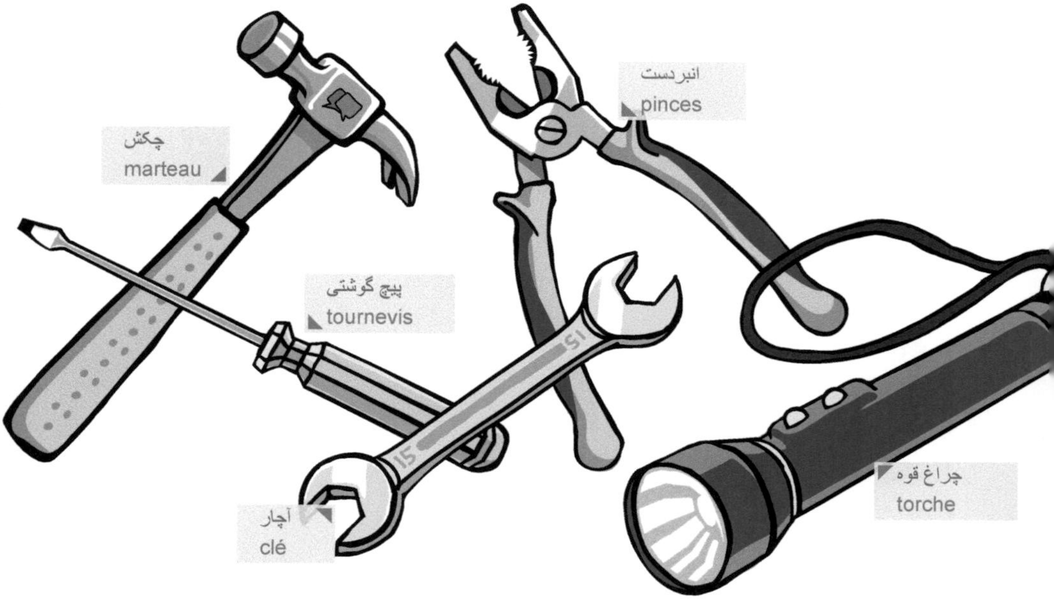

بیل مکانیکی
pelleteuse

جعبه ابزار
boîte à outils

نردبان
échelle

ارّه
scie

میخ
clous

مته
perceuse

تعمیر کردن

réparer

بیل

pelle

لعنتی!

Mince !

خاک انداز

pelle

سطل رنگرزی

pot de peinture

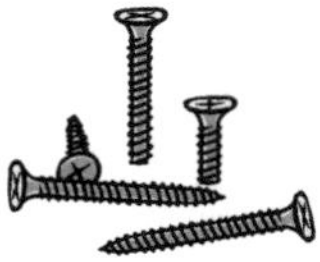

پیچ

vis

آلات موسیقی

instruments de musique

بلندگو
haut-parleurs
درامز
batterie
گیتار
guitare
کنترباس
contrebasse
ترومپت
trompette

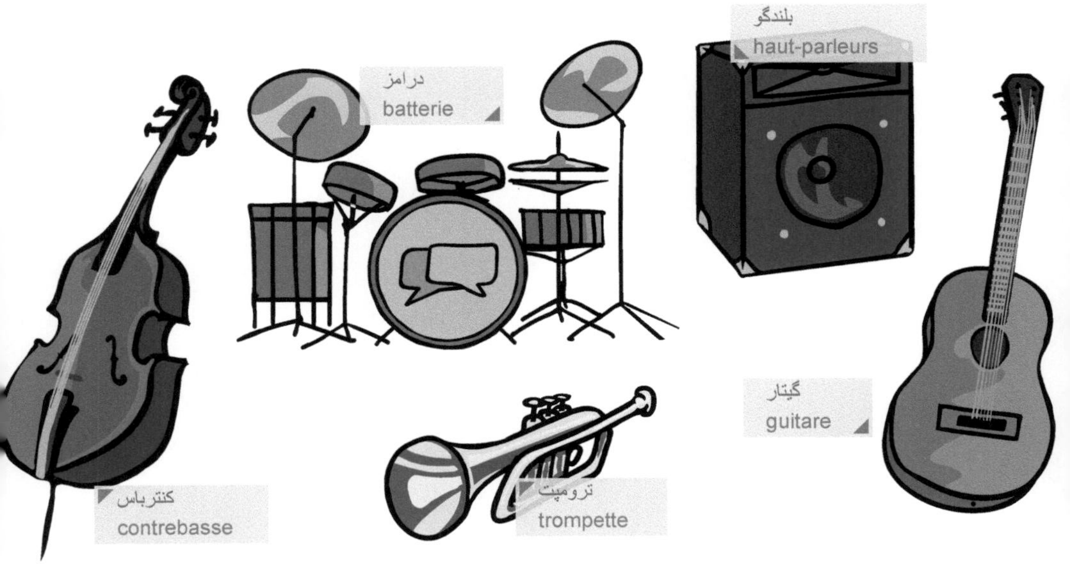

پیانو

piano

ویولن

violon

گیتار بیس

basse

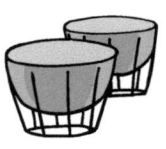

تیمپانی

timbales

طبل

tambour

کیبورد الکتریک

piano électrique

ساکسیفون

saxophone

فلوت

flûte

میکروفون

microphone

باغ وحش

ZOO

ورودی
entrée
ببر
tigre
قفس
cage
گورخر
zèbre
خوراک حیوانات
alimentation animale
خرس پاندا
panda

حیوانات

animaux

فیل

éléphant

کانگورو

kangourou

کرگدن

rhinocéros

گوریل

gorille

خرس

ours

شتر

chameau

شترمرغ

autruche

شیر

lion

میمون

singe

فلامینگو

flamand rose

طوطی

perroquet

خرس قطبی

ours polaire

پنگوئن

pingouin

کوسه

requin

طاووس

paon

مار

serpent

تمساح

crocodile

نگهبان باغ وحش

gardien de zoo

خوک آبی

phoque

پلنگ امریکایی

jaguar

اسب کوچک

poney

پلنگ

léopard

اسب آبی

hippopotame

زرافه

girafe

عقاب

aigle

گراز

sanglier

ماهی

poisson

لاک پشت

tortue

شیرماهی

morse

روباه

renard

غزال

gazelle

ورزش ها

sports

فوتبال آمریکایی
american Football
دوچرخه سواری
cyclisme
تنیس
tennis
بسکتبال
basket-ball
شنا
natation
بوکس
boxe
هاکی روی یخ
hockey sur glace

فوتبال
....
football

بدمینتون
....
badminton

دوومیدانی
....
athlétisme

هندبال
....
handball

اسکی
....
ski

پولو
....
polo

فعالیت ها

activités

خندیدن
rire
پریدن
sauter
بغل کردن
embrasser
راه رفتن
marcher
آواز خواندن
chanter
رؤیا دیدن
rêver
دعا کردن
prier
بوسیدن
faire la bise

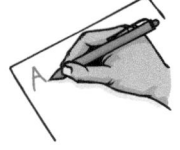

نوشتن

écrire

رسم کردن

dessiner

نشان دادن

montrer

هل دادن

pousser

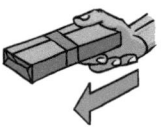

دادن

donner

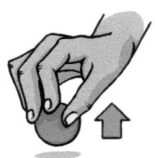

برداشتن

prendre

داشتن

avoir

انجام دادن

faire

بودن

être

ایستادن

être debout

دویدن

courir

کشیدن

trier

پرتاب کردن

jeter

افتادن

tomber

دراز کشیدن

être couché

منتظر بودن

attendre

حمل کردن

porter

نشستن

être assis

لباس پوشیدن

s'habiller

خوابیدن

dormir

بیدار شدن

se réveiller

تماشا کردن
regarder

گریه کردن
pleurer

نوازش کردن
caresser

شانه کردن
peigner

حرف زدن
parler

فهمیدن
comprendre

پرسیدن
demander

شنیدن
écouter

آشامیدن
boire

خوردن
manger

مرتب کردن
ranger

عاشق بودن
aimer

پختن
cuire

رانندگی کردن
conduire

پرواز کردن
voler

قایقرانی کردن

faire de la voile

محاسبه کردن

calculer

خواندن

lire

یاد گرفتن

apprendre

کار کردن

travailler

ازدواج کردن

se marier

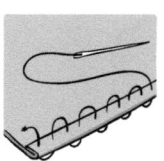

دوختن

coudre

مسواک زدن

brosser les dents

کشتن

tuer

سیگار کشیدن

fumer

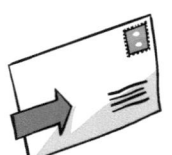

فرستادن

envoyer

مادربزرگ
grand-mère

پدربزرگ
grand-père

پدر
père

مادر
mère

کودک
bébé

فرزند دختر
fille

فرزند پسر
fils

مهمان
....
hôte

خاله، عمه
....
tante

دایی، عمو
....
oncle

برادر
....
frère

خواهر
....
sœur

بدن
corps

پیشانی
front
چشم
œil
صورت
visage
چانه
menton
انگشت دست
doigt
دست
main
سینه
poitrine
بازو
bras
شانه
épaule
ساق پا
jambe

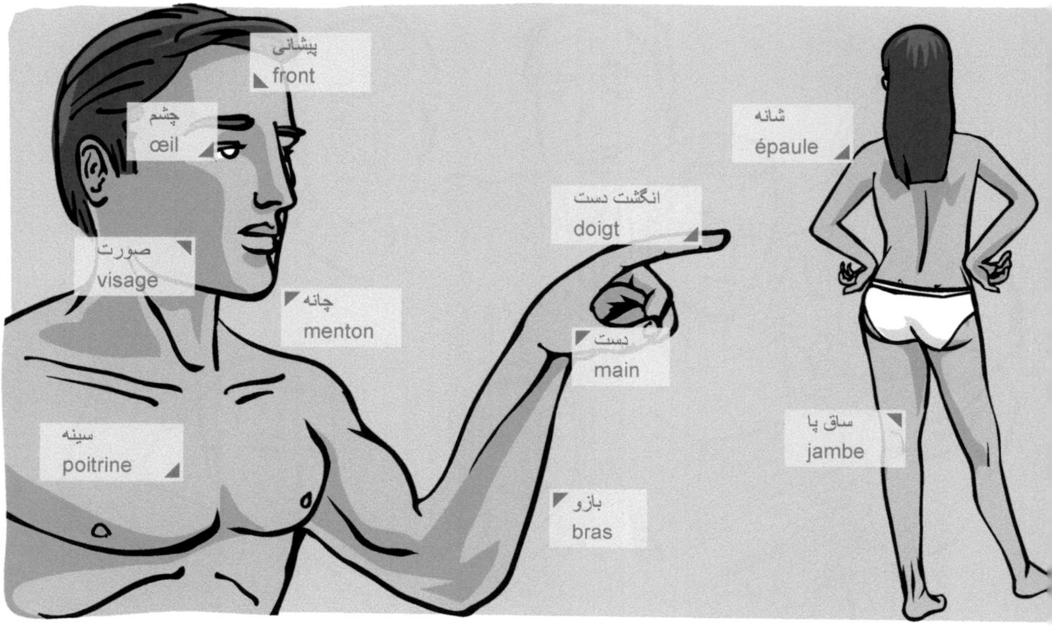

کودک

bébé

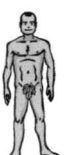

مرد

homme

زن

femme

دختربچه

fille

پسربچه

garçon

کله

tête

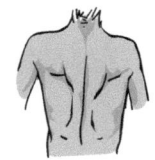

کمر

dos

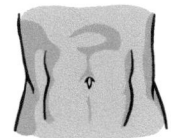

شکم

ventre

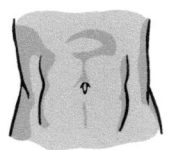

ناف

nombril

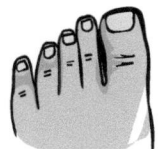

انگشت پا

orteil

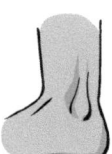

پاشنه

talon

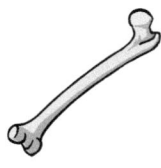

استخوان

os

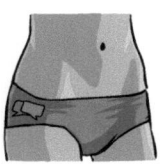

لگن

hanche

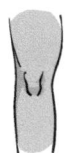

زانو

genou

آرنج

coude

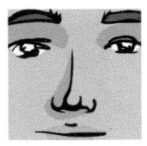

بینی

nez

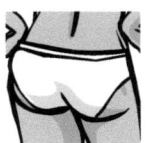

نشیمنگاه

fesses

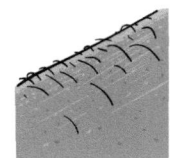

پوست

peau

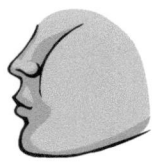

گونه

joue

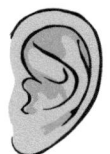

گوش

oreille

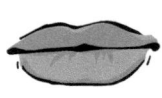

لب

lèvre

دهان

bouche

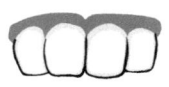

دندان

dent

زبان

langue

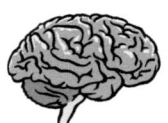

مغز

cerveau

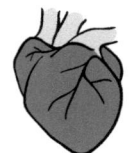

قلب

cœur

عضله

muscle

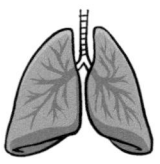

ریه

poumons

کبد

foie

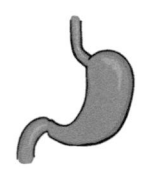

معده

estomac

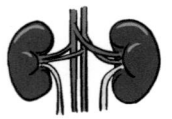

کلیه

reins

آمیزش جنسی

rapport sexuel

کاندوم

préservatif

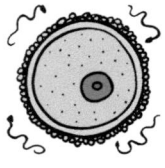

تخمک

ovule

اسپرم

sperme

حاملگی

grossesse

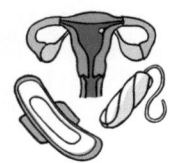

پریود

menstruation

واژن

vagin

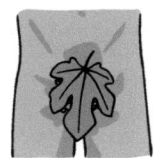

آلت تناسلی مرد

pénis

ابرو

sourcil

مو

cheveux

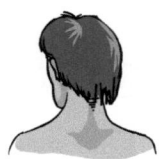

گردن

cou

بیمارستان
hôpital

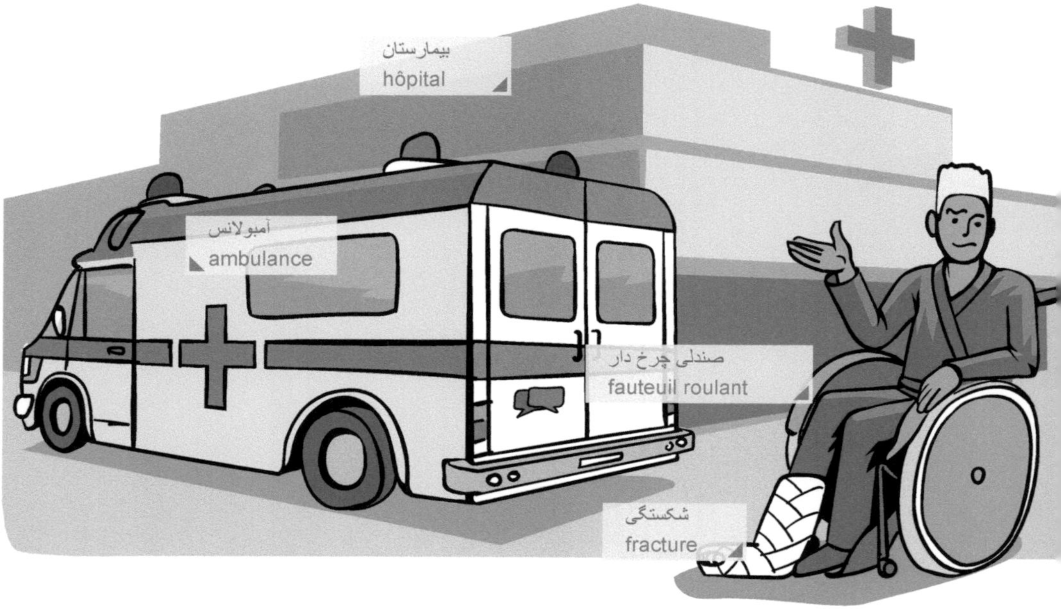

بیمارستان
hôpital
آمبولانس
ambulance
صندلی چرخ دار
fauteuil roulant
شکستگی
fracture

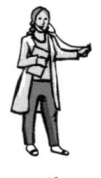

دکتر

médecin

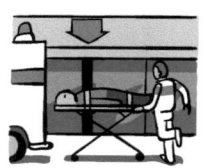

بخش اورژانس

service des urgences

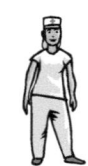

پرستار

infirmière

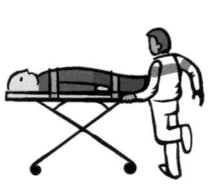

موقعیت اضطراری

urgence

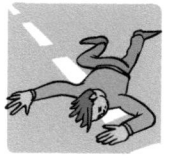

بی هوش

inconscient

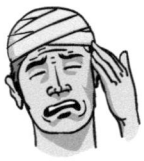

درد

douleur

مصدومیت

blessure

خونریزی

hémorragie

سکته قلبی

crise cardiaque

سکته مغزی

attaque cérébrale

آلرژی

allergie

سرفه

toux

تب

fièvre

آنفولانزا

grippe

اسهال

diarrhée

سردرد

mal de tête

سرطان

cancer

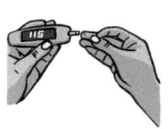

دیابت

diabète

جراح

chirurgien

چاقوی جراحی

scalpel

عمل جراحی

opération

سی تی اسکن

CT

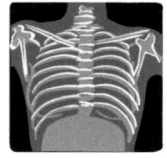

پرتونگاری

radiographie

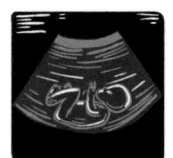

سونوگرافی

échographie

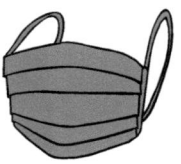

ماسک صورت

masque

بیماری

maladie

اتاق انتظار

salle d'attente

چوب زیر بغل

béquille

چسب زخم

pansement

پانسمان

pansement

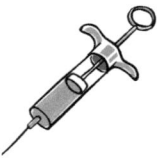

تزریق

injection

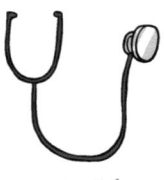

گوشی طبی

stéthoscope

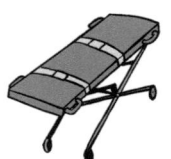

برانکار

brancard

دماسنج

thermomètre

زایش

accouchement

اضافه وزن

surcharge pondérale

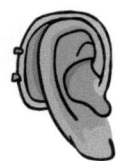

سمعک

appareil auditif

ماده ضد غفونی کننده

désinfectant

عفونت

infection

ویروس

virus

اچ آی وی / ایدز

VIH / sida

دارو

médicament

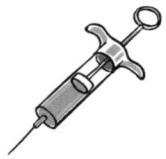

واکسیناسیون

vaccination

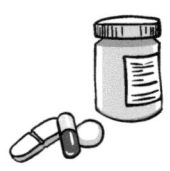

قرص

comprimés

قرص ضد حاملگی

pilule

تماس اظطراری

appel d'urgence

دستگاه اندازه گیری فشارخون

tensiomètre

مریض / سالم

malade / sain

موقعیت اضطراری

urgence

کمک!

Au secours !

آژیر خطر

alarme

حمله

assaut

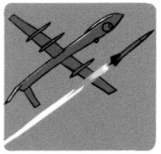

حمله ی فیزیکی

attaque

خطر

danger

خروج اظطراری

sortie de secours

آتش

Au feu!

کپسول آتش‌نشانی

extincteur

تصادف

accident

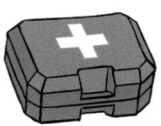

جعبه کمک های اولیه

trousse de premier secours

درخواست کمک

SOS

پلیس

police

کره زمین
terre

اروپا

Europe

آمریکای شمالی

Amérique du Nord

آمریکای جنوبی

Amérique du Sud

آفریقا

Afrique

آسیا

Asie

استرالیا

Australie

اقیا نوس اطلس

Océan atlantique

اقیانوس آرام

Océan pacifique

اقیانوس هند

Océan indien

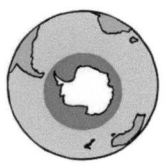

اقیا نوس اطلس جنوبی

Océan antarctique

اقیانوس منجمد شمالی

Océan arctique

قطب شمال

pôle nord

قطب جنوب

pôle sud

قاره قطب جنوب

Antarctique

كره زمين

terre

سرزمين

pays

دريا

mer

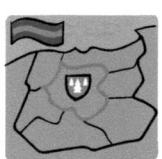

جزيره

île

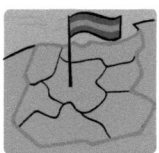

ملت

nation

كشور

état

ساعت

...heure(s)

صفحه ی ساعت

cadran

ساعت شمار

aiguille des heures

دقیقه شمار

aiguille des minutes

ثانیه شمار

aiguille des secondes

ساعت چند است؟

Quelle heure est-il ?

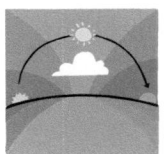

روز

jour

زمان

temps

اکنون

maintenant

ساعت دیجیتال

montre digitale

دقیقه

minute

ساعت

heure

هفته

semaine

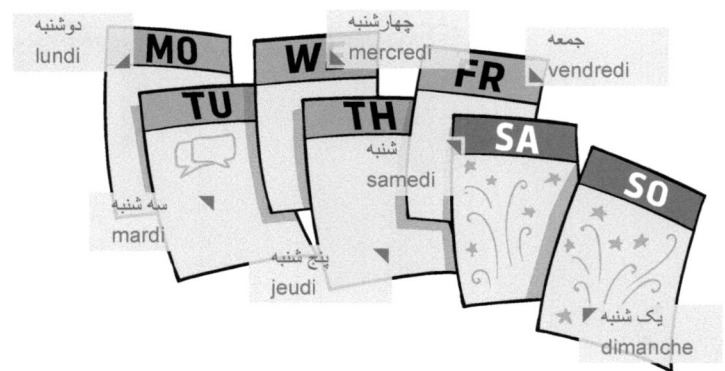

دوشنبه
lundi
TU
سه شنبه
mardi
چهارشنبه
mercredi
TH
پنج شنبه
jeudi
جمعه
vendredi
SA
شنبه
samedi
یک شنبه
dimanche

دیروز

hier

امروز

aujourd'hui

فردا

demain

صبح

matin

ظهر

midi

غروب

soir

روزهای کاری

jours ouvrables

آخر هفته

week-end

باران
pluie
رنگین کمان
arc-en-ciel
باد
vent
برف
neige
بهار
printemps
تابستان
été
پاییز
automne
زمستان
hiver

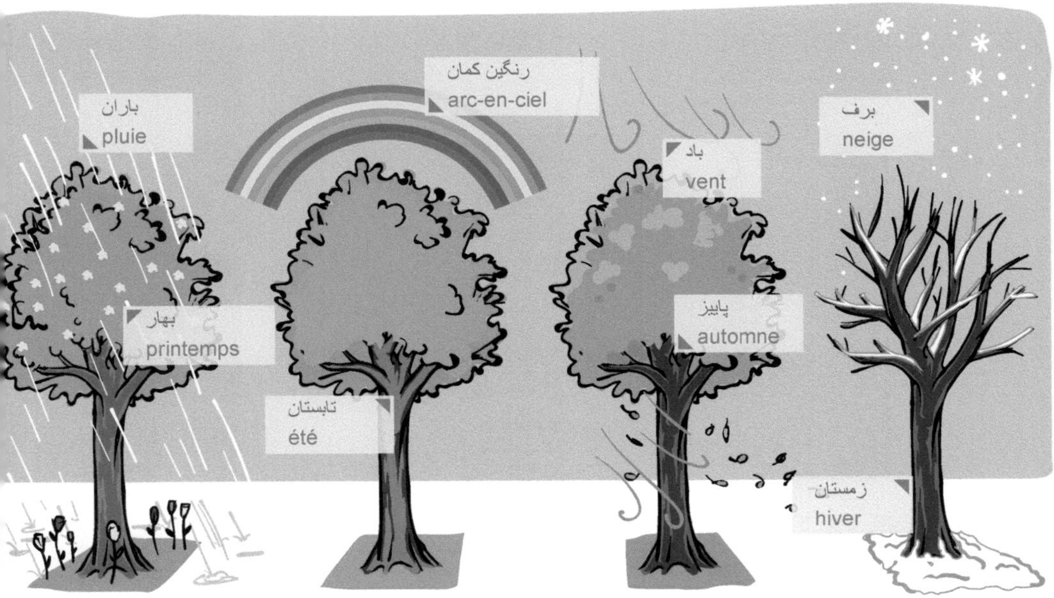

پیش‌بینی اوضاع جوی
....
météo

دماسنج
....
thermomètre

تابش آفتاب
....
lumière du soleil

ابر
....
nuage

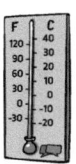

مِه
....
brouillard

رطوبت هوا
....
humidité

صاعقه

foudre

آسمان غره

tonnerre

طوفان

tempête

تگرگ

grêle

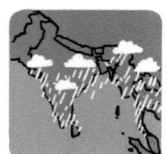

باد موسمی

mousson

سیل

inondation

یخ

glace

ژانویه

janvier

فوریه

février

مارس

mars

آوریل

avril

مه

mai

ژوئن

juin

ژوئیه

juillet

آگوست

août

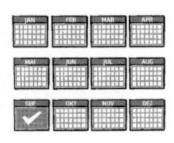

سپتامبر

....

septembre

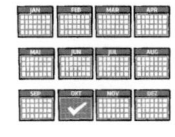

اکتبر

....

octobre

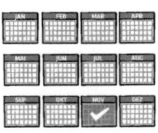

نوامبر

....

novembre

دسامبر

....

décembre

آشکال

formes

دایره

....

cercle

مربع

....

carré

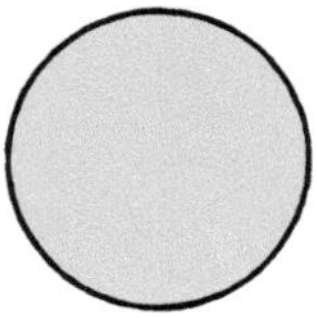

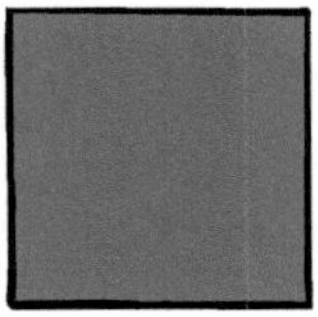

مستطیل

....

rectangle

سه گوش

....

triangle

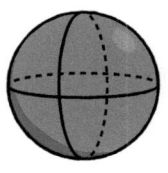

کره

....

sphère

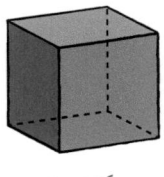

مکعب مربع

....

cube

رنگ ها

couleurs

سفید

blanc

زرد

jaune

نارنجی

orange

صورتی

rose

قرمز

rouge

بنفش

violet

آبی

bleu

سبز

vert

قهوه ای

marron

خاکستری

gris

سیاه

noir

متضاد ها

oppositions

خیلی / کم

beaucoup / peu

خشمگین/ آرام

fâché / calme

زیبا / زشت

joli / laid

شروع / پایان

début / fin

بزرگ / کوچک

grand / petit

روشن / تیره

clair / obscure

برادر / خواهر

frère / soeur

تمیز / آلوده

propre / sale

کامل / ناقص

complet / incomplet

روز / شب

jour / nuit

مرده / زنده

mort / vivant

پهن / باریک

large / étroit

قابل خوردن / غیر قابل خوردن

comestible / incomestible

غضبناک / مهربان

méchant / gentil

هیجان زده / بی حوصله

excité / ennuyé

چاق / لاغر

gros / mince

اولین / آخرین

premier / dernier

دوست / دشمن

ami / ennemi

پر / خالی

plein / vide

سفت / نرم

dur / souple

سنگین / سبک

lourd / léger

گرسنگی / تشنگی

faim / soif

مریض / سالم

malade / sain

غیرقانونی / قانونی

illégal / légal

باهوش / خنگ

intelligent / stupide

چپ / راست

gauche / droite

نزدیک / دور

proche / loin

نو / استفاده شده
....
nouveau / usé

هیچ چیز / چیزی
....
rien / quelque chose

پیر / جوان
....
vieux / jeune

روشن / خاموش
....
marche / arrêt

باز / بسته
....
ouvert / fermé

آهسته / بلند
....
faible / fort

ثروتمند / فقیر
....
riche / pauvre

درست / غلط
....
correct / incorrect

زبر / صاف
....
rugueux / lisse

غمگین / خوشحال
....
triste / heureux

کوتاه / بلند
....
court / long

کند / تند
....
lent / rapide

تر / خشک
....
mouillé / sec

گرم / خنک
....
chaud / froid

جنگ / صلح
....
guerre / paix

اعداد

nombres

0

صفر

zéro

1

یک

un / une

2

دو

deux

3

سه

trois

4

چهار

quatre

5

پنج

cinq

6

شش

six

7

هفت

sept

8

هشت

huit

9

نه

neuf

10

دَه

dix

11

یازده

onze

12

دوازده

douze

13

سیزده

treize

14

چهارده

quatorze

15

پانزده

quinze

16

شانزده

seize

17

هفده

dix-sept

18

هجده

dix-huit

19

نوزده

dix-neuf

20

بیست

vingt

100

صد

cent

1.000

هزار

mille

1.000.000

میلیون

million

زبان ها

langues

انگلیسی

anglais

انگلیسی آمریکایی

anglais américain

چینی ماندارین

chinois mandarin

هندی

hindi

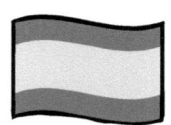

اسپانیایی

espagnol

فرانسوی

français

عربی

arabe

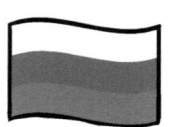

روسی

russe

پرتغالی

portugais

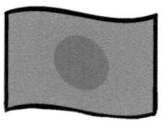

بنگالی

bengali

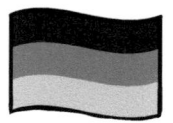

آلمانی

allemand

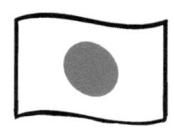

ژاپنی

japonais

چه کسی / چه چیزی / چگونه
qui / quoi / comment

من

je

تو

tu

او

il / elle / ce, c', cela

ما

nous

شما

vous

آنها

ils / elles

چه کسی؟ کی؟

Qui ?

چی؟

Quoi ?

چگونه؟

Comment ?

کجا؟

Où ?

کِی؟

Quand ?

نام

nom

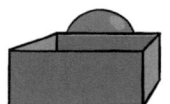

كجا
où

پشت

derrière

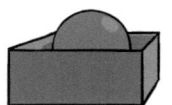

توی

dans

جلو

devant

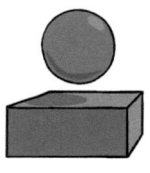

بالای

au-dessus

روی

sur

زیر

en-dessous

مجاور

à côté de

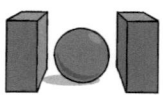

بین

entre

مکان

lieu